Szekely

Freimütige Bemerkungen über das Verbrechen

Szekely

Freimütige Bemerkungen über das Verbrechen

ISBN/EAN: 9783743679337

Hergestellt in Europa, USA, Kanada, Australien, Japan

Cover: Foto ©Suzi / pixelio.de

Weitere Bücher finden Sie auf **www.hansebooks.com**

Noten zum Texte

Freimüthige Bemerkungen
über das

Verbrechen,
und die

Strafe
des

Gardeoberstleutnant
Szekely.

Von einem ehrlichen Manne.

Augsburg,
bei Conrad Heinrich Stage.
1 7 8 6.

Sey es auch mir erlaubt die, von dem Herrn Verfasser, auf dem Titel benannter Broschüre, mit einer sehr ernsthaften Mine, und vielen Geschrei vorgeführte, unverkappt, und ungeschminkt seyn sollende Wahrheit ein bischen näher zu beleuchten, und d i e s e in ihrer schaudervollen Blöße erscheinen zu lassen. Auch ich bin ein Freund der Wahrheit, aber der unverfälschten, die man nicht mit der Brille des Vorurtheils auf der Nase anzusehen nöthig hat, um sie schön zu finden. Und aus Liebe zu dieser reinen Wahrheit schrieb ich was man in diesen wenigen Blättern lesen kann, wenn man will; aus keiner andern Absicht, denn man wird m e i n e n Namen eben so wenig als d e n des Pasquillanten erfahren, auch erwart ich von JOSEPH keine Belohnung dafür, da ihm ein solches Geschmier, als die Bemerkungen sind, zuverläßig ganz unwichtig seyn wird. Nur weil es mir persönlich weh that, daß ER der Welt in einem so falschen, widrigen Lichte gezeigt werden sollte, verdarb ich einige Stunden mit Widerlegung einer Schrift die eigentlich keiner Widerlegung bedürfte.

A 2   Hört

Hört Leser! ohne Eckel vor allem was obere
Gewalt heißt, was ich euch von der Unzuläf-
sigkeit, dem rohen, unverdauten, schüler-
mäßigen Geschmiere eines schreibseligen Wie-
nerbrochürenfabrikanten mit reinem, unpar-
theiischen Munde, mit warmen Herzen sagen
werde, und fällt dann Euer Urtheil, über
ihn, über mich, und Szkelis Strafe. Zum
Behufe derer die das heillose Werkchen nicht
gelesen haben, und von dessen Fürtrefflichkeit
etwa schwatzen hörten, wie auch jener, die es
zwar schon kennen, aber dasselbe bei Durch-
lesung gegenwärtiger Widerlegung nicht bei-
handen haben, und dafür die einigen Groschen
ausgeben müßten, um welche mir es denn
herzlich leid thun würde, will ich so ofter-
wähnten Aufsatz Wort für Wort ohne Weg-
lassung eines Beistriches, stückweis einschalten. — Und nun zur Sache. Seite IV
fängt also das Pasquill mit folgenden Worten
an: Szekeli, so bald er die bei der Gardekasse obwaltende Verwirrung und den
in derselben bemerkten Abgang angezeigt
hatte, wurde sogleich eingezogen, und
nach zum Schein vorläufig gemachten Untersuchungen, ein Kriegsrecht über ihn
gehalten. *) Gleich nach Lesung ihres Ein-
gangs

*) Hiebei hat sich zwar ein baarer Abgang in der
Kasse von 97000 fl. veroffenbaret, allein; da
Szekeli bewiesen hat, daß er sich ganz auf den
ver-

gangs entstand bei mir eine sehr wichtige Frage, die sie aber auch nicht von weitem beantworteten, die Frage nämlich: Wann hat Szekeli die obwaltende Verwirrung bey der Gardekasse und den Abgang in derselben bemerkt, und angezeigt? als er ihn bemerkte, — oder als er ihn so groß fand, daß derselbe nicht mehr zu verheimlichen war? — Sie bestättigen selbes letzteres durch das was Sie Seite VIII und IX für ihn zu sagen glauben: Es kann zwar auch seyn daß Szekeli die Unordnung bei der Gardekasse mag wahrgenommen, und einen Defekt befürchtet haben, welches ihn vielleicht, und, da er auf die bei dessen Entdeckung zu befahren habende schändlich entehrende Bestrafung rechnen konnte, (hier gestehen sie selber ein, daß er eine schändlich entehrende Strafe verdient habe, weil er darauf rechnen konnte) verleitet hat, all sein Studium der Chemie zu widmen, um vielleicht durch eine

verstorbenen Garderechnungsführer Latner verlassen, daß er demselben die Kasseschlüsseln auf immer anvertraut, ja so gar, da er seine gänzliche Unwissenheit im Rechnungsgeschäft mehr als einmal ganz offenherzig einbekannt, die Rechnungen nie durchgesehen hat, so hat man ihm nicht wohl eines Kasseangriffs beschuldigen können, zumalen das ganze Gardekorps die Niederträchtigkeit, und den über sein Vermögen glänzenden Aufwand des verstorbenen Rechnungsführers Latner bestättiget hat.

eine glückliche Erfindung sich aus dem La-
birinthe, und der Gefahr die ihm droh-
te herauszuhelfen. (Eine wohlorganisirte,
prächtig ausgeführte Periode per Parenthe-
sin) Sie selber also vermuthen, wie bescheí-
den, daß Szekeli durch chemische Operazionen,
und daraus folgen sollende glückliche Entde-
ckungen den Fehler wieder gut zu machen hoffte, und er arbeitete in diesem Fache notorisch
schon vor mehr als fünfzehn Jahren. Vor
sechs Jahren versicherte mich das einer seiner
vertrautesten Freunde, ebenfalls ein Chemiker,
also hat er's, nach dem was Sie zu vermuthen belieben, vor so vielen Jahren schon
bemerkt, da lebte der Rechnungsführer Lakner noch, welchem Sie, wie aus vorgehender
Note erhellt, dermalen alle Schuld beimessen;
der lebende hätte zu aller Verantwortung gezogen werden können, und sollen, wenn Szekeli'n anders seine Ehre, und seine Rechtferti-
gung lieb waren. Da lebte die gnädigste Monarchinn noch, an die er sich wenden, und
ihr das Vertrauen von der Verwirrung, von
seiner Nachläßigkeit, und Unfähigkeit machen
konnte, welche, auf seine Ehrlichkeit bauend,
wie Ihr S. X angeführtes Handbillet bestät-
tige, ihn gewiß aus der Verlegenheit gerissen,
und ihm wieder zu Ehren geholfen haben
würde. Ferner les ich: und nach, zum
Schein, vorläufig gemachten Untersuchungen.

Warum

Warum zum Schein? lieber Herr! das ist eine Beschuldigung, welche, da sie dieselbe nicht bewiesen haben, von der Bitterkeit ihres Herzens in den ersten fünf Zeilen deutlich zeiget. Wissen Sie auch wohl was das heißt eine Untersuchung zum Schein? eine Untersuchung nach der man jemand schuldig finden will. — Oder sollten Sie's so verstanden haben, daß die Untersuchung des Kasseabgangs nicht nöthig gewesen wäre, weil Szekeli den Abgang, so ist der Ausdruck ganz unrichtig, und ich will was verwetten Sie drückten sich aus Bosheit dunkel aus, um so verstanden zu werden, wie ich mir's im ersten Augenblick erklärte. Aber auch die Untersuchung, ungeachtet Szekelis Aussage war nicht unnöthig, denn wer wird einem Kasseverwalter auf's Wort glauben, wenn sich in desselben Kasse ein so beträchtlicher Abgang vorfindet, und ist es nicht in der Ordnung eine mangelhafte Kasse bis auf den letzten Heller zu untersuchen? — Ich drehe ihren Ausdruck herum wie ich will, nehme ich nichts an demselben wahr als Bosheit, oder plumpe Rechtsunkundigkeit, und schalen Witz. Hiebei, heißt es weiter, hat sich zwar ein baarer Abgang von 97000 fl. veroffenbaret, allein da Szekeli bewiesen hat, daß er sich ganz auf den verstorbnen Garberechnungsführer Lakner verlassen, und wie vorhergehende Note

weit=

weiter lautet. Wie beweisen denn Sie das
mein Freund! daß Szekeli das bewiesen habe? Akten her! Protokolle her! dann wird
die Welt ü b e r z e u g t seyn, denn g l a u b e n
nußt in diesem Falle nichts. Gesagt mag er's
haben, was antwortete aber Lakner darauf?
— der ist tod, also nicht so voreilig geur-
theilt, da wir den Todten nicht mehr verneh-
men können. War Lakner deßwegen ein Dieb,
weil er größern Aufwand machte als er konnte und sollte, konnt es Szekeli nicht mitge-
wesen seyn, von dem man weis, daß er
laborirte, was denn unermeßliche Summen
kostet; und von dem man sagt, daß er gespielt habe. Dazu soll Szekeli das kleine Vermögen seiner Frau bis auf eine sehr geringe
Summe durchgebracht haben, weßwegen Sie
auch nicht mehr miteinander gelebt, wenigstens nicht in Eintracht gelebt haben sollen, beide waren also üble Wirthe, Ver-
schwender. Laknern halten S i e aus dieser
Ursache für den Dieb, und i ch aus den nämlichen
Gründen Szekeli so lange für den Mitschuldigen
bis Sie mich aktenmäßig des Gegentheils überzeugt haben. *) Szekeli wäre der größte Thor

ges

*) Weiter sagen Sie S. V. Man hat daher dem
   Oberstleutnant Szekeli nur die äußerste — immer strafbare Nachläßigkeit zeugen können,
   woraus von selbst folgt wie nach dem abge-
   meßnen Verhältnisse zwischen dem Verbrechen
   und

gewesen, wenn er bekannt hätte, und das
Ueberführen des Eingriffs gieng den todten
Lakner, nicht den Richter an, wovon ich
hernach sprechen werde. Sie fahren fort:
das Kriegsrecht hat auf eine sechsjährige
Gefangenschaft in einer Festung angetra=
gen, und der Hoffkriegsrath, dem nach der
bestehenden Vorschrift dieses Kriegsrecht
zu revidiren übergeben werden mußte, be=
gieng den groben Fehler den kriegsrecht=
lichen Strafspruch zu verschärfen, und die
Dauerzeit der Gefangenschaft auf acht Jah=
re auszudehnen. Warum den groben Fehler?
hat nicht vielmehr das Kriegsrecht einen Feh=
ler begangen, den der Hoffkriegsrath verbes=
serte? oder wollten Sie wohl die Unbeschei=
denheit, (in ihrem Munde Unverschämtheit)
haben, die Sie einige Seiten darauf dem Kai=
ser andichten, ein Kollegium, eine Revisions=
stelle für dumm, oder wohl gar für partheiisch
zu erklären? Die erste Instanz ist immer die,
wo Leute von geringerer Rechtskenntniß sitzen,
bey Militärspersonen aus dem Mittel des De=
linquenten bei den Revisionsstellen sind Sach=
verständige, geübtere Männer, sonst würden
sie

und Strafe letztere ausfallen müßte. Das
Kriegsrecht hat auch aus diesem Anbetracht
da er um mich Juridisch auszudrucken, we=
der Confeſſus noch convictus war, auf eine sechs=
jährige Gefangenschaft in einer Festung ange=
tragen.

sie nicht im Stande seyn, ihre Bestimmung, die Untersuchung des ersten Urtheils, zu erfüllen; also glaub ich eher könnte das Kriegsrecht, nicht der Hofkriegsrath gefehlt haben. Ihr beißendes, wißig seyn sollendes Einschiebsel: wo demselben doch unmöglich unbekannt seyn kann, daß unser allergnädigster Monarch ohnehin gewohnt sey, die von den Gerichtsstellen über Verbrecher gefällte Urtheile immer in Gnaden zu — verstrengen, ist der plumpen Majestätschänbung wegen keiner Ahndung werth. Nur will ich erinnern, daß Strafe Gnade, nicht für den bestraften Schuldigen; sondern für die überlebenden Ehrlichen sey, besonders wenn, wie sie selber S. XI sagen: der Monarch durch all seine Strenge die Schurken doch nicht abschrecken kann. Das höchste Wesen verhängt Hunger, Krieg, und Pest über die Menschen, und ich glaube zu unserm Besten, obschon viel brave Kerls aber auch mit zehnmal mehr Schurken aus der Welt geschafft werden. Aber legen Sie das ja beyleibe nicht zu voreilig auf Szekeli aus, ich werd es weiter unten schon selber erklären. Doch hierüber (über den Hofkriegsrathsspruch) sagen Sie S. VI. will ich hinausgehen, und glauben, daß das Revisorium nach den Gesetzen, und der strengen Gerechtigkeit so sprechen mußte. Was für ein erschrecklicher Widerspruch! vorhin beschul-

schuldigen Sie dasselbe eines groben Fehlers,
um auf Kosten eines Monarchen ihren armse-
ligen, witzigen Einfall anzubringen, itzt glauben Sie daß er recht habe, und räumen dadurch die Unzuverläßigkeit ihrer Proposizionen,
wie auch daß Szekeli nicht so schuld, nicht so
verdachtlos sey, als Sie ihn uns anfangs zu
schildern bemüht waren, stillschweigend ein.
Daß Sie des Kaisers zwo Resoluzionen *)
nicht begreifen, ist mir sehr begreiflich, weil
mir aus allem erhellt, daß Sie sehr wenig
begreifen. Doch keine Beleidigungen; erlau-
ben

*) Szekeli ist ohne weiters zu kaßiren des Mili-
tärstandes unfähig zu erklären, und dem Zi-
vil zur Bestrafung zu übergeben, wo er nach-
her in In loco delicti nämlich in Wien drei
Tage nacheinander, alle Tage zwei Stunden
auf der Bühne auf dem hohen Markte zum er-
spiegelnden Beispiele zu stehen hat.

Die ihm zuerkannte 8jährige Arreststrafe will
ich ihm aus Gnaden wegen seines Alters
bis auf vier Jahre vermindern, diese hat er in
dem Zivilstraforte Szegedin der für Hungarn
besteht, mit der gewöhnlichen Atzung wie andere Delinquenten auszuhalten.

Noch weniger ist es möglich mich zu überführen,
daß der Monarch auf einen neuerlichen, wegen dieser so scharfen Resolution erstatteten
Vortrag, wo man ihm so gründlich vorstellte,
daß diese Strafe gar nicht Platz greifen könne, und sie so unverdient, als den Gesezen,
und der Gerechtigkeit widersprechend ist, dennoch auf seiner ersten Entschließung hat be-
harren, und neuerdings so streng sprechen können. Ich will diese lezte Resolution auch von
Wort zu Wort hersezen.   Ein-

ben Sie mir lieber über ihre folgenden Zweifel,
ein paar Wörtchen zu sagen : Szekeli ist straf=
bar, lautet es S. VIII wegen seiner supi=
nen Nachläßigkeit; er ist strafbar, daß er
sein vol es Zutrauen in einen Rechnunges
führer setzte, von dem, da es das g ñze
Gardecorps wußte, es ihm gewiß richt
unbekannt seyn konnte, daß er splendide
lebe, und solches von seinem eignen Ver=
mögen zu bestreiten nicht wohl im Stan=
de seyn möge. Was diesem in Betreff der
Chemie folgt, hab ich oben beantwortet. S. IX
fahren Sie fort : so kindisch dieses immer
bei Männern klingen mag, so ist es doch
auch eine Leidenschaft, die er um so we=
niger bezwingen konnte, als er in selber
allein Hilfe suchte, und hoffte. Was soll
Leidenschaft entschuldigen? was für ein grosses
Ver=

Ein jeder unrichtiger Kaffebeamter kann wie
Szekeli sagen, er wüßte nicht wo das Geld
hingekommen ist, wenn er es auch gestohlen
hätte. Sobald als Geld, besonders eine so
ansehnlicheSumme wie diese von 97000 fl. in der
Kasse sich nicht befindet, so stehet es nicht mehr
dem Richter zu ihm zu beweisen, daß er es
entfremdet hat; sondern ihm steht zu, zu be=
weisen, daß er es nicht entwendet hat, und
so bald er dieses nicht beweisen kann, so bleibt
er ein Dieb. Es ist also ohne weiters der
Sentenz gegen ihn, sobald er kaßirt ist, folg=
lich aufhört Militär zu seyn, zu vollziehen,
und ihm das Zettel als untreuer Beamter an=
zuhängen. Man erlaube mir über beide die=
se Allerhöchste Entschließungen meine Mei=
nung zu sagen.

Verbrechen entstand nicht aus Leidenschaft, die
manchmal bis zur Raserei anwachsen muß, um
den Greuel zu begehen; denn welcher Mensch
hat wohl noch mit kaltem Blute eine Mord=
that, einen Raub, oder dergleichen begangen?
Man darf nur ein bischen anatomische und
psichologische Kenntnisse besitzen, um zu begrei=
fen, daß es Ueberwindung koste eine gräßliche
Idee, die dazu wo nicht neu, doch nicht so
gewöhnlich ist, so fest anzufassen, daß die See=
le darüber zur Handlung vermocht werden kön=
ne. Es gehört also der deutliche, oder doch
sehr heiße Begriff von einer größern damit
nothwendig verbundnen guten Folge, oder
im Unterlassungsfalle eines nothwendig daraus
entstehenden sehr beträchtlichen Uebels dazu,
aus welchem die Empfindung, die Agitazion
in dem Wirkenden entsteht, welche Leidenschaft
heißt. Tragen Sie mir die Vertheidigung was
immer für eines Verbrechers auf, versichern
sie mich daß er Gnade vor ihnen finden soll,
wenn ich ihnen beweise, daß nur seine noth=
wendig aufs äußerste gespannte Einbildungs=
kraft, (die Quelle der Leidenschaft) ihn da=
hin gebracht, wo er dermalen ist, und er soll,
wenn er ein Vatermörder wäre, vom Schaf=
fote befreit seyn, weil ich nicht nur erweisen
werde, was sie verlangen, sondern auch so
viel absoluten Zusammenhang in allen seinen
Handlungen, empfangenen Eindrücken, und

Be

Begriffen darthun werde, daß der Grund sei=
nes letzten Vergehens in den ersten Wochen des
deutlichen Bewußtseyns seiner Existenz zu lie=
gen scheinen soll. Wenn aber auch der Verbrecher nicht anders handeln konnte als er han-
delte, so kann auch der Staat, oder der Fürst,
der Repräsentant des Staats, nicht anders
verfahren als ihn, da er ein untaugliches
Glied der Gesellschaft ist abzuschneiden, und zum
Beispiele aller derer, die eben so untauglich
werden könnten, öffentlich, unter gräßlicher
Feierlichkeit abzuschneiden.

Sie fahren S. IX fort: Freilich hätte
Szekeli, bei dem Gefühle seines Unvermö-
gens nie ein Rechnungsgeschäft überneh-
men sollen, aber wenn jeder das Amt dem
er nicht gewachsen ist niederlegen sollte,
wie öde, wie ausgefegt würden sich die
Kanzleien unsern Augen darstellen ! ! !
und wie leer wären ihre Bogen geblieben! ! !
Doch Rabener giebt derlei Menschen Muth,
wenn er ihnen zulispelt: wem Gott ein
Amt giebt dem giebt er auch Verstand
dazu. — Und wer einen gesunden Daumen,
Zeig = und Mittelfinger, Tinte, Feder, und
Papier hat, schreibe noch so tolles Zeug, er
findt immer einen Verleger, und Käufer die
Hüll und die Fülle dafür. Obwohlen Szekeli nie so gedacht haben würde, wenn er
das

das traurige Ende davon vorgesehen hätte.
Das ist auf allen zwei und zwanzig Seiten das
einzige was ich selber glaube. Seite X sagen
Sie: Endlich muß auch Szekeli immer als
ein ehrlicher Beamter, dem man nie einen
Kasseangriff zutrauen konnte, bekannt gewesen seyn, da selbst ein bei der Untersuchung vorgekommenes Allerhöchstes-Hand-
schreiben der weiland Kaiserinn Maria
Theresia besteht, wo Sie in Szekeli als
einen bekannten treuen Diener so viel Vertrauen zu setzen sagt, daß es platterdings
bei der Gardekasse keiner Gegenspeer (Gegensperre) benöthiget. Und das beweist weiter nichts, als daß der Monarchinn äußerst gutes Herz abermals hintergangen wurde. Und
wer — es sey der größte Menschenkenner, kann
nicht von einem Menschen betrogen werden,
dem die Natur die größte Ehrlichkeit so le-
serlich in's Gesicht geschrieben hat? Lavatri-
sten entziffert mir das? Ich bin also nicht
undankbar gegen die große Selige *) der auch
ich

*) Seite X und XI. Dieses kann, dieses muß dem
Szekeli zum Behuf gereichen; man müßte nur
zu den übrigen Undankbarkeiten auch jene hinzuthun, daß man die unvergeßliche Monarchinn einer unvernünftigen Leichtgläubigkeit,
und eines blinden Zutrauens in diesem Falle
beschuldigen wollte; obwohlen Sie bey all diesen angedichteten Gebrechen doch nicht so viel
Schurken in ihrer Regierung aufweisen kann,
als unser Monarch durch all seine Strenge
nicht

ich so vieles zu danken habe, bei deren Sarg
auch meine Wangen, eine männliche, nicht
eine empfindsame, lumpige Thräne, herun=
terrollte, (ich mich umkehrte, und sagte: Gott
hab' sie selig! und gieng, weil ich's nimmer
aushalten konnte;) bei deren Andenken mir
noch die Augen naß werden; bin also nicht un=
dankbar, wenn ich ihr so viel gutes Herz zu=
traue, daß sie sich von einem Manne hinter=
gehen ließ, den auch ich persönlich kenne,
und für den ich, so gut wie jeder andre das
Herz

nicht abschrecken konnte. Ein Beweis, daß der
Fürst durch Liebe die Unterthanen immer
mehr im Zaum halten könne, als durch Tirannei.

Um wieder zurückzukommen: obwohlen dieses
Handbillet der Kaiserinn eigentlich ein Bürge
für Szekelis Treue ist, so kann es doch kein
Deckmantel seyn, worunter Fürst Esterhazi
seine Nachläßigkeit verbergen will. Esterhazi
ist hiedurch gar nicht entschuldigt, daß er als
Gardekapitain, dem diese Charge zur genauen
Obsorge auf alles, was das Gardekorps be=
trifft, übertragen wurde, niemals von Sze=
keli die Rechnungen abforderte, oder eine mehr=
malige Kaßidurchsuchung, (Revision) veran=
laßte. — Keineswegs fällt auch die Schuld von
der hungarisch = siebenburgischen Hoftänzlei hin=
weg, die als obere Stelle nach der bestehen=
den Vorschrift hierauf ein wachsames Auge
hätte haben sollen; aber wer verdenkt es auch
dieser Hofstelle, bey der Unordnung, und Un=
richtigkeit nach bekannten, — überzeugenden
Beispielen, allenthalben eingerissen hat? bei
der Buchhalterei bloß den Namen nach be=
steht? — wo man von richtiger Kombinirung
des Empfangs und der Ausgabe eben so rich=
tige

Herz aus dem Leibe gegeben hätte. Eben
dieser Gütigkeit wegen, und in Hofnung daß
die Menschen durch diese Güte gerührt werden würden, wurden mehr Verbrechen als
menschliche Gebrechen angesehen, bemäntelt,
oftmals gänzlich unterbrückt, und drum glaubt
man unter ihrer Regierung weniger Schurken
zählen zu können, ohne doch zu bedenken, daß
die meisten dermalen bestraften Verbrechen,
unter ihrer Regierung begannen, oder doch
der Grund dazu unter ihrer Regierung (Gott
bewahre durch Sie!) sondern durch üble An-
wen-

tige Begriffe, als Brambilla von der Medizin
hat? — Doch ich schweife aus; ich wollte
nur sagen: wenn man Nachläßigkeit an einem
bestraft, so muß man sie auch an dem andern
bestrafen; und gleichwie Szekeli durch seine
wenige Bekümmerniß um das Kasse- und Rech-
nungswesen dem Rechnungsführer den Weg
zur Veruntreuung öffnete; eben so kann Szekeli zu seiner nachsichtsvollen Unbesorglichkeit
nur durch die wenige Darobhaltung des Gar-
dekapitains, und der hungarischen Hoftanzlei
auf Ordnung und Richtigkeit, verleitet worden
seyn.
Bei diesen Umständen, wo Szekeli von seinem
Verbrechen, der Kasseveruntreuung nämlich,
weder überwiesen ist, noch auch solches einbe-
kennt hat, und wo es wahrscheinlich ist, daß
Lakner vielmehr ein Spitzbube war, und man
den Szekeli nur einer Nachläßigkeit deren Bestrafung er der Nachläßigkeit seiner Vorgesetzten, die man nicht bestraft, zu verdanken
hat, beschuldigen kann; wär es wirklich Strafe genug gewesen, ihn auf eine achtjährige
Festungsgefangenschaft zu verdammen.

wendung, vorläufige Ausschweifungen, denn
wie lange braucht's nicht bis ein Mensch völ-
lig lasterhaft wird? in den Herzen der Individuen selber gelegt worden sey. Itzt brachen
einige aus, itzt wurden einige, ich muß es gestehen durch den strengern Blick JOSEPHS
entdeckt, und bestraft wie sie's verdienten,
wie es zum Besten des Ganzen unumgäng-
lich nothwendig war; um so mehr da er durch
das Beyspiel seiner Mutter gelehrt ward, daß
auch himmlische Güte dem immer mehr um
sich greifenden Laster keinen Einhalt zu thun
im Stande sey.

Hier muß ich noch einschalten was ich theils
zur Beantwortung des dem Szekeli zu
statten kommenden Bekenntnisses, daß
er unfähig ein Rechnungsgeschäft zu führen wäre, theils zur mehreren Bestätti-
gung meines Satzes, daß das Handbillet
der Seligen Kaiserinn wenig oder nichts
für seine Unschuld beweise, noch vergeß-
sen habe.

In Betref des erstern frägt sich's abermal
wann Szekeli diese Erinnerung dieses Bekenntniß, und aus welchem Grunde gemacht habe?
die Bestimmung der Zeit würde den zweyten
Theil meiner Frage beantworten; denn geschah es schon vor lange, so konnt es in einer Zeit geschehen seyn, da Szekeli noch keinen Eingrif in die Kaße gethan hat, geschah
es

es kürzlich so weckt es die Vermuthung es sey
aus kluger Vorsicht geschehen; auf alle Fälle
beweißt also dieses Bekenntniß nicht viel. Zur
Zeit da die Selige Kaiserinn das angeführte
Handbillet schrieb konnte ja Szekeli auch wirklich noch keinen Eingrif gethan haben; wer
schließt aber daraus daß er keinen zu thun im
Stande gewesen wäre? Wo ist der Mensch
der in der nöthigen Lage nicht fast zu allen
Verbrechen gebracht werden könnte? zumal
ein Mann wie Szekeli, den doch seine eifrig-
sten Vertheidiger nicht von dem Vorwurfe der
größten Nachläßigkeit, und folglich des unbe-
schränktesten Leichtsinnes losreden können. Ich
will setzen er war Anfangs so ehrlich als einer, er war in seinem Geschäfte so unwis-
send als einer, — da er aber doch die Verwirrung bemerkte, das Herz dieselbe anzudeu-
ten nicht hatte, durch Chemie den Schaden
gut zu machen hofte, seine Versuche immer
unglücklich abliefen, sein kleines Vermögen
aufgebraucht war, seine Besoldung nicht hin-
reichte die Sache weiter zu treiben, und er
sich doch davon alles versprach, was konnt
er anders thun als bei der Kaße die unter
seiner Aufsicht, und ohne Gegensperre war
Hilfe suchen, der erste Schritt aber gethan,
und fruchtlos gethan, zog den zweiten, und
alle übrigen nach sich. So erklär ich mir
Szekelis Verbrechen aus Leichtsinn, Leiden-

schaft

schaft für sein Steckenpferd, den traurigen
aber nothwendigen Folgen eines einzigen Ver-
sehens, und begreife gar leicht seine vorläufige Ehrlichkeit, deren Grund mehr in seinem
weichen Herzen, als in festen Grundsätzen, und
wie die Folge wies, hauptsächlich auch darinne
bestand, daß er noch nie auf die Kapelle gebracht ward, sonst hätt er gewiß diese Feuer=
probe ausgehalten. Und wenn man ihm auch
nichts anders als seine supine Nachläßigkeit
zur Last legen könnte, fiel dadurch schon der
große Begrif von seiner Ehrlichkeit über'n
Haufen; denn ehrlich seyn heißt nicht nur nie-
manden was stehlen, sondern auch keinem
Menschen durch Unterlassung dessen was man
thun sollte einen Schaden zufügen. Was
Sie von Fürst Esterhazi und der vorgesetzten
Hofstelle sagen, ist, wie Sie selber erinnern
eine Ausschweifung; und ich würde ihre ganze Stelle in diesem Betreffe weggelassen haben, wenn ich nicht im Eingange versprochen
hätte das feine Produkt sogar mit allen sei=
nen Beistrichen einzuschalten.

Ich komme daher, fahren sie S. XIII. fort
jetzt, nachdem ich das, was man zum Behufe
des Szekeli über das an ihm bestrafte Verbrechen sagen konnte, gesagt habe, auf seine
erlittene Strafe selbst. S. XIV. vormals,
und auch jetzt, bei allen gesitteten Völkern
pflegten die Fürsten, die von den Gerichts=

stellen

ſtellen über Verbrecher gefällte Urtheile in
Gnaden zu mildern; — bei uns iſt es
nunmehr zur Mode geworden, ſolche zu —
verſchärfen. Pfui daß Sie uns den alten, ein-
fältigen Spas ſchon wieder auftiſchen. Und wer
hat ihnen denn geſagt daß die Fürſten immer recht
thaten wenn ſie milderten? daß ſie es immer thaten, daß ſie es auch dann thaten, wenn das allgemeine Beſte das Gegentheil foderte? Wenn bei
einer Todesſtrafe, oder der ihr ähnlichen Ent-
ehrung und Freiheitsverluſt, die Beßerung des
Verbrechers, und nicht hauptſächlich und einzig das Beiſpiel Platz grif (doch dieß kann beider vorerwehnter Strafen Endzweck, beſon-
ders bei einem etlich und ſiebenzig jährigen
Manne, der eines Verbrechens gegen den
Staat ſich ſchuldig machte, nimmermehr ſeyn)
dann könnte der Fürſt eher noch mildern.
Uiberhaupt glaub ich daß, ſo wenig Staat
und Fürſt aus Rache ſtrafen dürfen, ſo wenig der Fürſt nach Willkühr zu verſchärfen,
oder zu lindern berechtigt ſey, und letzteres
weniger als das erſtere. Dieſer Satz ſcheint
ihnen ungezweifelt falſch und deßwegen will
ich ihn gegen Sie vertheidigen. Durch ein
öffentliches Verbrechen wird der Staat belei-
digt nicht perſönlich der Fürſt. Die Sicherheit des Staates, ſelten des Fürſten wird
durch Raub, Mord, Defraudation, und
dergleichen in Gefahr geſetzt. Dieſe zu erhalten
muß,

muß, nebst andern Mitteln, eine hinlängliche
Strafe als abschreckender Beweggrund festge=
setzt, und über die Verbrecher verfügt wer=
den; und diese muß um so größer seyn, je
mehr die Individuen des Staates durch Si=
tuazion, einladende Beyspiele, Leichtigkeit die=
se Verbrechen zu begehen, und der Ahndung
zu entwischen, dazu angeeifert werden. In
diesen Verhältnißen muß die Strafe stehen,
wenn sie anders die gehörige Wirkung her=
vorbringen soll; sobald aber der Fürst die
Strafe durch Milderung aus denselben setzt,
verhindert er, wo nicht ganz, doch zum Thei=
le die Wirkung derselben, und begeht dadurch
einen Fehler an dem Staate, zu dessen Sicher=
heitserhaltung er sich verbindlich gemacht hat;
und eigentlich da ist. Durch Verschärfung ei=
nes Urtheils hingegen wird die Strafe aus
vorerwehnten Verhälnißen nicht gesetzt, der
Staat leidet also eigentlich nichts darunter,
nur der einzelne Bestrafte, durch dessen erlitt=
nes Unrecht zwar auch mittelbar der Staat be=
leidigt wird, aber das Beste von Millionen
wird doch dem Besten eines einzelnen vorzu=
ziehen seyn; Also glaub ich auch daß ein Fürst
eher Strafen verschärfen, als vermindern kön=
ne. Doch sollte keines von beyden ohne hin=
längliche Ursache geschehen. Wenn Sie mir
auf dieses mit einigen Publizisten antworten,
das Begnadigungsrecht stütze sich darauf daß
der

der Fürst Gründe hinzuthun könne, die die Linderung rechtfertigen, so darf ich kühn eben den Grund für die Verschärfung, und um so mehr annehmen, da ihm im ersten Falle Menschlichkeit, im zweiten Nothwendigkeit, und die Wohlfahrt des Ganzen ihm dieses Recht gestattet. Woher es doch kommen mag daß fast jedermann, Philosophen selber nicht ausgenommen, beinah immer mehr Mitleid mit dem Mörder auf dem Schaffote als mit den unmenschlich unschuldig Ermordeten haben? — ich denke weil der Anblick des Leidenden, besonders wenn er eine vortheilhafte Gesichtsbildung hat, uns sein Verbrechen, und die Schmerzen der martervoll durch ihn Ermordeten vergessen macht. Ein Beweis bin ich mir selber, ich habe nie noch einer Execution, nicht einmal dem Bühnenstehen beygewohnt, und fand daher noch wenige Urtheile zu strenge. Je empfindsamere Nerven ein Zuschauer vor dem andern hat, desto mehr setzt er sich in des Delinquenten traurige Lage, und wenn denn so ein Herrchen Schreibselig- und Fertigkeit besitzt, eilt er an den Pult, und vertheidigt die Sache des Verbrechers wie seine eigne. Hier fällt mir gerad eine lustige Stelle einer ähnlichen Brochüre (als ich zu widerlegen für nichts und wieder nichts mich bemühe) aus der Wienerfabricke müßiger Skribler bei. Zur Vertheidigung des P*** sagt der Verfasser:

ser: der Schaden welchen P*** verursacht
hätte, wäre das Ganze, nicht den Kaiser an=
gegangen, und er sey überzeugt daß jeder ein=
zelne, wenn ihm die verfügte Strafe nachge=
sehen worden wäre, gerne den etwa ausfal=
lenden Schaden von einigen Kreutzern getra=
gen haben würde; und bedenkt nicht daß je=
der einzelne, wenn P*** zu ihm gekommen
wäre ihm gesagt hätte, das bin ich gesonnen
zu thun wo ihr mir nicht einige Dreier gebt,
ihn, samt der Zugabe von ein paar Maulschel=
len zur Stube nausgeworfen, zum wenigsten
als einen Narren derb ausgelacht haben wür=
de; nicht zu bedenken daß durch die Nichtbe=
strafung, oder durch die zu gelinde Bestra=
fung des P*** hundert andre zu ähnlichen
Unternehmen angeseiert worden wären. Man
verzeihe mir diese Ausschweifung, ich that sie
nur zum Troste meines Autors, damit er wis=
se daß nicht er allein ein trostloser Autor sey,
und zur Belehrung meiner Leser was sie sich
in derlei Materien aus der Wienerbrochürenfa=
bricke gründliches zu versprechen haben. Doch
weiter im Texte. S. XIV. fahren Sie fort
vielleicht, um des entzückenden Vergnügens
im vollen Maße zu genießen, daß man
Beweise seines unumschränkten Despotis=
mus ablegen könne. Wenn Sie das, wie
alle folgenden Kalumnien, und hirnlose Belei=
digungen *) einem, versteht sich redlich, und
edel.

*) Armer! bedauernswürdiger Szekeli, daß es

ebelbenkenden, Preußen selber gesagt hätten,
bei Gott! er hätte Sie hinter die Ohren ge=
schlagen; überzeugt daß nur ein Bube von
was immer für einem gekrönten Haupte so,
aller Achtung los, die man ihm auch nur als
Mensch schuldig wäre, sprechen könne, ohne
jedoch das geringste von allem dem, weſſen
man ihn mit der giftigſten Zunge beschuldigt,
darzuthun; um so mehr von einem Monar=
chen, deſſen tausend weiſe Einrichtungen, und
gute, daraus entſtandne, Folgen von seinem,

ich

in der Kugel deines t_r_aurigen Schickſals auf=
gezeichnet ſeyn mußte, daß die Untersuchung
deines Verbrechens einem wetterwendiſchen
Monarchen, eben in dem Augenblicke vorge=
legt wurde; wo ihn vielleicht eine Fliege an
der Naſe neckte, und er im Zorne hierüber
dein schändliches Urtheil fällte. — Unglück=
licher Mann! du Opfer der Laune des Mo=
narchen! du grauſames Opfer eines un=
menschlichen, tirannischen Herzens! Sagt
Männer von Gefühl, sagt Männer der Ge=
rechtigkeit! welcher Monarch kann Urthei=
le verſtrengen? — — — ein Tirann! welcher
Monarch kann die Rechte der Menschheit mit
Füßen treten? — — ein Tirann! welcher
Monarch kann Geſetze und Gerechtigkeit ver=
lachen? — — ein Tirann!!! welcher Mo=
narch kann in Criminalſachen nach eigner
Willkühr handeln? — ein Tirann!!! — —
Gott! Gott! was biſt du armer Mensch!
schwaches Geſchöpf, das dieſer launigte Kopf
unverschuldet im Staube tritt, daß du dich
krümmeſt, und unter siebentausend Schmerzen
von einer ſiebentausendköpfigen Hidra erwürgt
wirſt? — Schreckliches, die Menschheit ent=
ehrendes Bild! und doch wahr, aus Erfah=
rung wahr.

ich will nur sagen nicht gewöhnlichem Ver-
stande sowohl, als dessen menschenfreundlichem
Herzen, wo Menschenliebe nicht Schwachheit
ist, nicht dem Ganzen schadet, zur Genüge
beweisen. Seite XV. fragen Sie: Welcher
Monarch kann Urtheile verstrengen? — ein
Tirann! Sie hätten sagen sollen ohne Ursache
verstrengen, dann wäre die Frage nicht schon
juridisch und philosophisch falsch gewesen, denn
was Sie auf der andern Seite von der In-
fallibilität der Kriminalrichter, und Gerichte
merken zu lassen belieben, ist gegen alle neue-
re rechtliche, vernünftige, kanonische ꝛc. ꝛc.
Begriffe, die selber dem Pabste keine Unfehl-
barkeit mehr gestatten. Ferners kann ihre
schöne Exklamazion nicht auf tausend Meilen
auf gegenwärtigen Fall angewandt werden;
wovon, wenn Sie nicht an Herz und Ohren
unbeschnitten sind, ich Sie satsam zu überführen hoffe. Alle ihre übrige theatralische
Ausrufungen, die sich auf die Bierbank der
liederlichsten besoffnen Kutscher, Schlosserjun-
gen, und übrigen elenden Gezüchts, schicken,
sind daher weder witzig, weder, hoff ich, werden sie auf einen, nur halbwegs gutdenken-
den Menschen, Eindruck gemacht haben, drum
übergeh ich sie mit Stillschweigen.

Zu Ende der S. XV, und auf der XVI.
fahren Sie fort: Laßt mich nun wieder zu-
rück kommen, laßt mich sagen, was das

heißt,

heißt, die Urtheile, welche die Untersuchungskommission spricht, zu verschärfen. Entweder heißt es: ihr Richter, die ich aufgestellt habe, nach dem Gesetz, und der Gerechtigkeit zu richten, ihr seyd Spitzbuben, ihr habt euch von eurer Pflicht entfernt, habt partheiisch gesprochen, habt mich zu hintergehen, zu belügen gesucht; = und dann kann freilich der Monarch nicht länger zusehen, er muß die ungerechten Richter abdanken; thut er dieses nicht, so ist es ein stilles Bekänntniß, daß sie ihrer Pflicht getreu, nach den Gesetzen und der Gerechtigkeit gesprochen haben; aber auch ein schmetternder Donner: (Ei wie schön!) ich will euer Urtheil aus Willkühr nicht begnehmigen, ich will als Herr, der Macht über Leben und Tod hat, diesen euern Sentenz verschärfen. Himmel! was für eine Sprache in dem Munde eines Monarchen, den du uns zum Beschützer, nicht zum Tirannen gabst! Vor der Hand will ich erinnern, daß hier von einem besondern Falle, und nicht im Allgemeinen die Rede ist; wenn wir also die Sache untersuchen wollen, so müssen wir auch den besondern Fall gehörig zergliedern.

Der zu Verurtheilende war ein Edelmann, ein Offizier, sonst ein guter Mann, der viel hundert Menschen Wohlthaten erwiesen hatte, stand im allgemeinen Rufe der Ehrlichkeit,

war

war ein Mann von etlich und siebenzig Jahren, mit grauem Kopfe, und einem Ausehen
das, wie ich schon einmal erinnerte, jeden
an ihn riß. Dazu war er des Verbrechens
nicht überführt, die richtenden Menschen, und
wie selten hört der Richter auf Mensch zu seyn,
konnten also, obschon sie nach Recht und Nothwendigkeit ihn so lange für schuldig halten
sollten, bis er sie des Gegentheils überzeugt
hätte, aus vorher angeführten Rücksichten ihm
nicht schlechterdings einen so niederträchtigen
Streich zumuthen. Der Mann war aus einem Mittel, aus dem auch vielleicht einige
seiner Richter waren, wer behält bei alle diesen Umständen nöthige Kälte genug, um einen ehrwürdig ausehenden Greisen, seinen
Bruder, nach dem strengen Gesätze zu verur-
theilen? — — und waren etwa acht Jahre
Festungsstrafe, für einen etlich und siebenzig-
jährigen Mann so viel als lebenslänglich,
nicht alles was sich die bewegten Richter ab-
gewinnen konnten? Außerordentliche Tugend,
Größe der Seele hätte dazu gehört, Ange-
sichts des Mitleidswerthen das Ganze, nicht
den Einzelnen zu betrachten, und ihn zum ab-
schreckenden Beispiele zur Schaubühne zu ver-
urtheilen. Wie viele Menschen aber besitzen
die Kraft der Gerechtigkeit wegen ihr Gefühl
zu verläugnen? — JOSEPH besaß diese
Tugend, JOSEPH dem keiner ein sehr
theil-

theilnehmendes Herz absprechen wird, der die
vielen Thränen, die er der Menschheit schon
fallen ließ, zu zählen die Mühe sich nehmen
will. Aus eben dem Grunde ehrte er die
menschlichen Richter, die dasmal nur, des
sonderbaren Falles wegen, nicht einzig und allein das Ganze zum Leitfaden ihres Urtheils
machten, aber seine Gerechtigkeit verdammte
den Bedauernswürdigen zur Schandbühne.
Soll denn ferner dem Herrn Verfaßer die
ziemlich allgemeine Sage unbekannt geblieben
seyn, die den Monarchen bei der Nachricht
von Szekeli's Verbrechen unmuthig ausrufen
ließ: So will man mich denn schlechterdings
zum Tirannen machen? — oder ist diese Sage nicht wahrscheinlich, häuft man nicht in
Wien Verbrechen auf Verbrechen? geht nicht
da ein Agent, dort ein Kaßier zum Teufel?
geschehen nicht Mordthaten auf Mordthaten?
Ich war selber viele Jahre hintereinander in
Wien, aber nie erlebt ich so vielen Greul,
als ich jetzt wöchentlich in Zeitungen lese.
Das ist kein Widerspruch den ich mir selber
mache, deßwegen giebts unter des Monarchen
Regierung nicht mehr Spitzbuben als es sonst
gab. Die meisten, bemerkt ich schon oben,
bereiteten Jahre her den ganzen Schifsbruch
ihrer Oekonomie, den Verderb ihrer Sitten,
folglich auch ihre Verbrechen, und die wohl-
verdiente Züchtigung. Endlich behaupt ich die

Com=

Commission habe von Seite des Leidenden eben so viel über ihn verhängt als der Monarch, nur daß dieser sie von Seite des Beispiels zureichender verhieng. Scheint ihnen meine Behauptung falsch, so hören Sie meine Beweise. Freiheit! was geht dem Menschen über diese? Die Gesäße selber schätzen zehn Jahre Festungsstrafe dem Tode gleich; acht Jahre mußten also dem alten Szekeli um so mehr Todesstrafe seyn. Der Monarch vermindert um vier Jahre diesen Freiheitsverlust, läßt daher dem Verurtheilten einige Hofnung schimmern, einmal wieder in seinem Leben zum Genuße des höchsten Gutes nach dem Leben zu gelangen, (denn ich meines Orts halte den Verlust der Ehre für minder schmerzlich als den der Freiheit, weil man durch nachfolgende gute Handlungen manchmal seine begangenen Verbrechen auslöschen kann, und der Haufe ohnehin nach und nach die schrecklichsten Begebenheiten, um so mehr Vergehen eines Menschen vergißt) sezt aber dafür, des seltnen Falles wegen, durch drei Tage ein zweistündiges, eben so seltnes Bühnenstehen; zwar dieses ist schmerzlich, aber war es dem alten Szekeli so schmerzlich daß er darüber das Leben verlohr? — oder wär er ohne dieser Strafe in den Augen der Vernünftigen weniger geschändet gewesen? — Ein Abgang von 97000 fl. kann kein Versehen seyn,

und

und wenn es auch absolut möglich wäre, so
ist es doch nicht wahrscheinlich, oder der
Mann mußte gar keinen Kopf gar keinen Be=
grif von seiner Pflicht gehabt haben, und da=
für ist Szekeli doch nie bekannt gewesen. Zu=
dem war er noch Maurer, ein neuer Grund
seine Pflichten genauer zu erfüllen als jeder an=
dre hatte; wozu er, wie alle übrige, in man•
chen Zusammenkünften ernstlich wird ermahnt
worden seyn. Untersuchen wir ferner woher
eine solche Nachläßigkeit kommen kann? aus
nichts anderm als einem völligen Vergessen sei•
ner Pflichten als Mensch, das ist was er sich,
und seiner Familie schuldig war, denn wie
konnt er nur jemals glauben, daß er der schar=
fen Ahndung entgehen würde; seiner Pflich=
ten als Beamter, und einem unbeschreiblichen
Leichtsinne, der Quelle dieses Vergessens. Ich
folgerte daraus oben schon und folgere noch
einmal, — konnt er diese Pflichten ver=
gessen wie weit hatt' er noch hin zu einem
Eingrif in die Kaße, da seine ökonomischen
Umstände durch immerwährend verunglückte
Versuche Gold, oder weis Gott was für schö=
ne Dinge zu machen äußerst unordentlich wa=
ren. Sie sehen ich untersuche philosophisch
und, weiche dem trocknen Gesetze so gut als
Sie aus, glaub aber daß gerade philosophi•
sche Gründe diese Gesetze veranlaßt haben,
und daher sind Sie mir nicht mehr so trocken

als

als ihnen. Der Kaiser wollte Szekeli wirklich eine Gnade erzeigen, da er ihm vier Jahre von der Festung nachließ, weil er ihm diese erzeigen konnte, aber auf die Bühne mußt
er, denn des liederlichen Volkes giebts in Wien,
und in allen Erblanden, so wie in allen gro-
ßen Städten, und Königreichen gar zu viel.
Und wenn es wahr ist daß die Wiener den
alten Unglücklichen mit freudiger Neugierde
sahen, so hat JOSEPH für das allgemeine Beste, wo nicht zu wenig, doch nicht zu
viel gethan. Hätte man ihn unter diesen Umständen gerade nach Szegedin geführt, über-
morgen hätte keine Zunge mehr davon gesprochen. Ihr Späßchen lieber Herr Lustigma-
cher! S. XVII. *) Daß der Kaiser ihm,
von dem ihm zuerkannten, achtjährigen Ar-
rest vier Jahre wegen seines Alters nach-
sieht, um den schwachen unter dem Dienst
ergrauten Greisen durch das schändliche
Bühnenstehen desto mehr zu beugen (so
boshaft als alles übrige) ist wahrlich keine
Gnade; denn es ist eben so viel, als: weil

du

---

*) Also ungerecht, und noch einmal ungerecht,
daß Szekeli's Strafe so sehr verstrengt wurde; so sehr sag ich, denn zwo Stunden auf
der Bühne stehen, ist eben so ungewöhnlich
als unerhört. Eben so ungewöhnlich war aber
auch der Fall, weil es der Verbrecher, und mehr
andre Umstände sind, die ich nicht anzuführen
brauche, da ich's theils schon that, theils diesel-
ben jedem sichtbar vor Augen liegen.

du sehr schwache Füsse hast, und folglich
die Leiter sehr hart hinanklettern kannst, so
will ich dich statt henken von unten auf rä=
dern, (statt unter dem Dienst, hätten sie
setzen sollen schlechten Dienst, und statt henken
hätten sie sagen müßen langsam braten, von
unten auf rävern, dann wär es ein passendes
Gleichniß gewesen, das soll ihnen bald deutli=
cher werden.) Ihr Späßchen also ist ein Späß=
chen ihrer Art; um so mehr da Szekeli noch
lebt, folglich dieser Gnade noch theilhaftig
werden kann. Ich wollt ihnen auch ihren
Spaß noch eher verzeihen, wenn sie das vor
der Execution geschrieben hätten, und der festen
Meinung gewesen wären, der arme Alte wür=
de seine Schande nicht überleben. Aber Freund!
die Zeiten sind vorbei, wo man gähen Tods
über eine Beschimpfung starb, freilich traurig,
daß sie vorbei sind. Doch lassen sie mich die
Natur der größern Strafen, und ihre Wir=
kungen auf den Bestraften ein wenig untersu=
chen, damit es klärer werde, der Kaiser habe
Szekeli eine Gnade erwiesen. Die Größe ei=
ner Strafe muß man nicht nach den augen=
blicklichen Schmerzen, den Thränen, und dem
Geschrei des Leidenden allein, sondern auch,
und zwar hauptsächlich, nach der Dauer, und
den Wirkungen die sie im Bestraften hervor=
bringt, abmessen. Selbst die Gradazion der
Todesstrafen beweist meinen Satz, denn Kopf=

ab=

abschlagen ist das geringste, weil die ganze Ope-
razion in einer Sekunde vorbei ist; dann tritt
das Hängen ein, welches wenigstens sechs Mi-
nuten dauert. Das Rädern mit dem Gnaden-
stoße ist zwar vielleicht schmerzlicher als vor-
hergehendes, vielleicht auch nicht, und ist sehr
schnell vorbei, aber die längere, schrecklichere
Zubereitung, setzt diese Todesart in die dritte
Klasse. Dann folgt das Rädern von unten auf,
wo zwar der geringere Schmerz vervier- oder
verachtfacht wird; dann das Rädern und le-
bendig auf's Rad geflochten werden, wo der
Missethäter so wie am Spieße nach und nach
verschmachtet. Doch mir schaudert in dieser
Materie fortzufahren; und ich will nur noch
sagen, daß die schrecklichste Todesart diese wäre,
wenn man den Verbrecher nach und nach,
dauert es auch ein Jahr, mit hundert und tausend Nadel = und Messerstichen zur Verzweif-
lung, und endlich zum Sterben brächte, und
das beweist meinen Satz, daß ein kleineres
Uebel in die Länge gezogen empfindlicher als
die größten augenblicklichen Schmerzen sey.
Von diesem aber auf Festungsstrafe und
Schandbühne zu kommen, so frag ich, wie
lange dauert der heftige Schmerz über verlohrne Ehre? gewiß nicht länger als der über
verlohrne Freiheit; und ist auch nicht heftiger,
denn es gab sicher mehrere, die sich aus dem
Thurmfenster, in dem sie eingeschlossen waren,
herun-

herunter stürzten, oder die Köpfe an den Wänden, wie eine eingesperrte Katze an den Fensterstäben zerschellten, oder wie sich der Skorpion, um den man einen Kreis von Kohlen
macht, seinen eigenen Stachel in's Genick stößt,
sich ein Brodmesser, einen Nagel in's Herz
stießen, als es Menschen gab, die, ehe sie
auf die Schandbühne getreten wären, sich über
die Brücke gestürzt hätten, über welche man
sie nach selber führte. Freiheit ist ein Trieb
der Natur, die schwarzen Sklaven verschlingen
ihre eignen Zungen um zu ersticken, und frei
zu seyn. Ehre ist ein Begriff, den uns Vernunft gegeben, und ich will doch lieber von Thüre
zu Thüre betteln gehn, mich mit Füssen stossen, von Hunden aushetzen lassen, als vor
Hunger und Durst verschmachten müßen, versteht sich, wenn mir kein Mittel übrig bliebe
auf eine andere Art meinem Elende ein Ende
zu machen. Auch in dem Falle verstummte der
Ruf der Ehre vor dem Rufe des Instinktes,
wenn anders Ehre die gute Meinung meiner
Mitmenschen von mir noch genannt werden
darf. Ich glaube daher Freiheit geht als ein
Naturtrieb der Ehre vor. Und wenn das ist,
wie es denn ist, so schließ ich abermals daraus,
der Kaiser erwies Szekeli eine Gnade, da er
ihm bei vierjähriger Festungsstrafe noch einige
Hoffnung übrig ließ, einsmals wieder frei zu
seyn, wornach der kleinste Wurm zu streben

C 2   uns

uns durch sein Winden zeigt, wenn wir ihn in
seinem Gange hindern. Der öffentliche Verlust der Ehre also, war Szekeli zwar in den
Tagen seines Bühnenstehens, schrecklich, und
noch wird ihm der Gedanke nur daran unaus-
stehlich seyn; aber das Bewußtseyn bis an
den Austritt aus der Welt der so sehr ge-
wünschten Freiheit entbehren zu müßen; würde Szekeli mehr gemartert haben, um somehr,
da sein Gram ihn langsam nur aufgezehrt hätte.
Ich erinnerte aber schon vorhin, Szekeli habe sich
durch einen Kasseabgang von 97000 fl. bei aller
Welt eines Eingriffs verdächtig gemacht. Der
Begriff von seiner Rechtschaffenheit war ohnehin so groß nicht mehr, daß der Verlust des
kleinen Theils der übrigen Achtung seiner Mit-
bürger durch die infamia juris dem Verluste
aller fernern Freiheit gleich gehalten werden
könnte, achtjährige Festungsstrafe war also für
den Leidenden mehr als Schandbühne, Schandbühne dem Endzwecke einer öffentlichen Strafe
angemessener, vier Jahre Nachlaß des Frei-
heitsverlustes, Gnade. Ferner sagen sie S.
XVII. Aber ich glaube Szekeli würde nie
zur Schandbühne verdammt worden seyn,
wenn er nicht Maurer, oder Rosenkreutzer
gewesen wäre. Ich aber glaube das nicht.
Des Kaisers Betragen gegen die Maurer ist
nicht nur allein billig, sondern auch edel. Er
schätzt

schätzt und liebt viele derselben, die er als sol=
che kennt, persönlich, und seine in diesem Be=
treffe gemacht Verfügungen sind nicht nur recht=
lich, sondern weise. Er muß einst dem höch=
sten Baumeister, und täglich sich selbsten Re=
chenschaft geben von dem was in allen seinen
weiten Reichen geschieht, er muß also auch wis=
sen, was die Herren thun, und wer die Her=
ren sind; denn seit es Menschen giebt, haben
Menschen alles, sogar das Heiligste, die Re=
ligion mißbraucht, wer bürgt uns dafür, daß
nicht auch Maurer ausarten, und ihr höchst
ehrwürdiges Institut mißbrauchen? Denn
man will sagen, fahren sie fort, der Mo=
narch habe ganz deutlich zu erkennen gege=
ben, er wolle denen Kerln (Maurern)
zeigen, daß ihre Protektion nichts helfe. Ei
was sie nicht alles merken! ich glaube sie wis=
sen was JOSEPH denkt, oder wohl gar
was er nicht denkt.

Was S. XVIII darauf folgt, *) ist wie=
der ein Späßchen. Doch glaub ich, das

Schick=

*) Und nun beantworte mir jemand die Frage:
ob es nicht billig seye, daß der Monarch den
Haß, den er wider eine ganze Gesellschaft ge=
faßt hat, an einem Mitgliede derselben durch
die Macht des Stärkern bezeige? — Ist er
nicht sehr poßirlich, wenn der Bauer in der
Finstere zu seinem Nachbar geht, und ihm un=
erkannt einen Knips versetzt, und dann fort=
lauft, und in seine Faust lacht; daß er dem=
selben solch einen Streich gespielt habe? — O
Gerechtigkeit! Gerechtigkeit! spielst du denn
unter uns blinde Maus? —

Schicksal hat den Herrn Autor dazu bestimmt
ewig blinde Kuh zu spielen, und so lang er
lebt und schreibt, und das wird er, so lang
er athmet, keinen witzigen, geschweige ver=
nünftigen Einfall zu ertappen. (* Ich muß
wirklich lachen, da ich auf eben der Seite lese,
daß ein Mensch, der aber auch nicht einen ge=
sunden philosophischen oder juridischen Begriff
hat, den Kaiser der Unbesonnenheit zu zeihen
die Frechheit besitzt. — Wahrlich, ich kann
nichts anders als lachen. Aber verfolgen Sie
S. XIX. daß er er auf eine neuerliche Vor=
stellung darauf beharrt, zeigt erstens ein
hartes Herz, und zweitens ungegründetes
Raisonnement. Hier schalten Sie abermals
drei Viertheile der zwoten kaiserlichen Resolu=
zion ein, in welcher gesagt wird, es stehe nach
so wichtigem Abgange nimmer dem Richter zu
eine Entfremdung zu beweisen, und geben fol=
gendes Gleichniß: Ich setze nun den Fall
von zweien Kassebeamten, deren jeder die
Gegenspeer von der Kasse hat, ist einer ein
Spitzbube; sucht die Schlüsseln des andern
auf einen Augenblick zu Handen zu bekom=
men, drucket sie in Wachs, und läßt sich
dann

(* Daß der Kaiser über den ersten Vortrag des
Hofkriegsraths diese strenge Strafe über den
Sezekeli verhängte, wäre noch zu entschuldi=
gen, man könnte sie aus dem Gesichtspunkte
einer Unbesonnenheit, einer Uebereilung be=
trachten.

dann darnach die Schlüſſeln von dem Schloß-
ſer (vom Schreiner gewiß nicht) verfertigen.
Bei Gelegenheit öffnet er, da er nun beede
Gegenſpeer-Schlüſſeln, ſeine und die des
andern nachgemachter, in Handen hat, die
Truchen, nimmt Geld heraus, und ver-
ſchließt ſie wieder. Bei der monatlichen
Kaſſereviſion zeiget ſich der Abgang, und
beede Kaſſebeamten müſſen nun dafür haf-
ten; jeder ſoll die Hälfte davon zahlen und
dem Spitzbuben bleibt folglich noch eine
Hälfte von dem Entfremdeten zu Gute.
Der andere ehrliche Beamte kommt hiedurch
wider ſein Verſchulden in Ungelegenheiten;
der Kaſſeabgang iſt erwieſen; er kann es
nicht beweiſen, daß er das Geld nicht entfremdet hat; und doch hat er es nicht entwendet, und iſt folglich kein Dieb. Wie
beſtcht alſo die Richtigkeit der kaiſerlichen
Reſolution? und iſt es nicht klar, nicht
nach den Geſetzen, daß der Richter den Do-
lum des Verbrechens beweiſen müße, weil
der Verbrecher das Gegentheil niemals anders, als durch ein plattes Nein zu beweiſen im Stande iſt. Gleichniß um Gleichniß:
Sie treten in einem Gaſthofe ab, zeigen dem
Wirthe das Geld, welches ſie im Zimmer haben, ſchließen das Zimmer, geben ihm den
Schlüſſel dazu in Verwahrung, das Geld
wird geſtohlen, ohne daß Stube und Kaſten

erbrochen werden, werden sie fragen ob er der
Dieb sey oder nicht, werden sie oder der Rich=
ter ihm's beweisen müßen, daß er's ist?— nein,
ohne Umstände werden sie ihr Geld fordern,
und der Wirth muß es ihnen ohne weiters er=
sezen. Mehr noch, sie sollen den Schlüssel
zu ihrem Zimmer, oder selbst zu des
Wirths Verwahrungskasten in Wachs abge=
druckt haben, ihm 1000 Dukaten als ein
Reisender in Verwahrung geben, ihm das Geld
entwenden, und bei Gott ist Gnade, er muß
ihnen den Schaden ersezen; und sollte er selber
mit Weib und Kind drüber zu Grunde gehn.
In diesem Falle leiden sie gar nichts, und der
arme Wirth Alles. Wenn eines Privatgutes
Sicherheit dieses Verfahren billigt, warum
soll es nicht um so mehr die Sicherheit einer
öffentlichen Kasse. Doch sie werfen mir ein,
sein Habe verliehren sey noch lange nicht die
Ehre verlohren; ich könnt ihnen darauf ant=
worten, wer mir die Mittel zum Leben nimmt,
nimmt mir das Leben; die Sicherheit einer
öffentlichen Kasse verlangt strengere Verordn=
nung als die eines Privatgutes, aber ich will
ein anders Beispiel anführen, das sich so oft
schon ereignete, nicht in meinem Kopfe blos exi=
stirt, und in welchem Falle die öffentliche Si=
cherheit den weder confessus noch convictus le=
benslänglich um das grosse Gut Freiheit bringt.
Man erzählt, in Venedig sey einer erschlagen
wor=

worden, zu eben der Zeit schlief ein dritter auf
einem Steine, man legte die Scheide des Mes-
sers, das noch in des ermordeten Leib stack ne-
ben den Schläfer, das Schicksal wollte daß alle
übrige Umstände gegen ihn zeugten, er haßte
den Ermordeten, er hatte kurz zuvor Streit mit
ihm; der Arme ward auf die Folter gebracht,
gestand aus Schmerzen ein, und ward hinge-
richtet, wenn ein ähnlicher Fall sich bei uns ereignete; wäre Freiheitsverlust bis der Thäter
gefunden würde, und der könnte sich wohl auch
nimmer finden, das wenigste was der Unschul-
dige zu dulden hätte. Dieses Gleichniß wird
ihnen passend scheinen, wenn sie nicht Mord
für ein viel größers Verbrechen halten, als
Kasseneingriff, und wenn ihnen Freiheitsverlust nicht viel geringer dünkt, als Verlust der
Ehre. Doch in ihrem Beispiele ist eine Klei-
nigkeit, die ihren Fall himmelweit von dem,
den wir untersuchen, unterscheidet, übersehen
worden. Denn ist der Kassenabgang gering,
so läßt sich ein Fall mit dem andern ohnehin
nicht vergleichen. Ist er aber beträchtlich, so
riskirt der Eingreifende mit dem Unschuldigen
sein Brod zu verliehren, welches bei einer Kasse,
die viel betragen muß um einen grossen Verlust zu leiden, nicht unter tausend Thalern ist.
Ich zweifle ob viele sich in der Situazion be-
finden werden, auf einmal so viel zu stehlen,
wovon die Hälfte die Zinsen von tausend Tha-

lern

lern abwirft, und ohne dabei noch überdieß
seine Freiheit in Gefahr zu setzen, — weil
man bei unerbrochner Kasse einen oder den andern, oder auch beide für die Diebe halten
muß; da der Fall fast unmöglich ist, daß ein
dritter sich beider Schlüssel bemächtigen sollte,
denn hundert Defraudationen, Einbrüche,
Diebstähle von hunderterlei Art lehrten allge-
mein die genauesten Vorkehrungen. Geht aber
der Eingreifende flüchtig, dann fällt alle Vermuthung auf ihn, und der Zurückbleibende
wird zwar wie billig an Geld, an Brod, manchmal an Freiheit für seine Nachläßigkeit gestraft,
und dennoch für keinen Dieb gehalten. Aber
giengen sie beide fort, man holte einen ein,
der versicherte, er wäre aus Furcht entwichen,
so glaubt man ihm das so lange nicht, biß
er es bewiesen hat, und nur der Fall läßt sich
mit unserm vergleichen, wo Szekeli's reran-
girte Oekonomie, sein Laboriren, Lakners
Tod uns das nämliche, und vielleicht mehr
Recht zur Vermuthung als im ersten Falle
geben.

Seite XXI sagen Sie: Noch eine Bemer-
kung will ich machen. Der Kaiser befahl:
man solle dem Szekeli, nachdem er kaßirt
ist, und folglich aufhört, Militär zu seyn,
auf der Bühne den Zettel anhängen: Untreuer Beamter. Auf welche listige Art

such-

suchte Er von seinem lieben Militär die Schande wegzuwälzen, und sie denen Beamten aufzubürden? Da hat ihnen wieder ihre voreilige Bitterkeit einen bösen Streich gespielt. Ich frage Sie war Szekeli als Gardekaßier Soldat, oder Beamter? war sein Verbrechen ein militärisches Verbrechen? — ich kenne deren nur drei für den Offizier, ein Subordinazionsfehler, Poltronerie, und ein Fehler gegen den Dienst. Warum muten Sie also dem Kaiser auf, daß er schrieb untreuer Beamter? — Hätt er schreiben sollen untreuer Oberstleutnant, oder Gardekasseverwahrer? und das letzte würde so viel als das erste geheißen haben. Oberstleutnant, Offizier, Soldat ist so gut ein Rang als Graf und Baron; — sein Rang mußte ihm also genommen werden, da blieb ihm denn nichts als sein Verbrechen, das war jenes eines Kaßiers, ein Kaßier ist ein Beamter, also konnte nichts anders auf dem Zettel stehn als untreuer Beamter. Sie schließen mit den Worten: Ich will nun nichts weiter sagen, als mich über das niederträchtige Betragen des Wiener Publikums bei Vollziehung der Strafe an Szekeli beklagen. Welche herrliche Augenweide war dieses jammervolle Spektakel dem gaffenden Pöbel! da stand er nun versammelt um die Bühne, starrte ihn an, den zitternden Greisen, wie eine leblose

Bild-

Bildsäule, und begnügte sich nicht ihn
mit einigen Blicken zu fassen; nein! stun-
denlang verweilten sie, die neugierigen
Wiener, um ihn her, und zürnten vielleicht
noch im Herzen, wenn die Glocke die Stun-
de seiner Erlösung von dem Bühnenstehen
läutete. Ein Beweis, wie viele Müßig-
gänger Wien in seinen Mauern einschließe,
die ihre Zeit nicht anders zu tödten wissen,
als durch den vergnügenden Anblick eines
unglücklich bestraften Verbrechers. Ein
Beweis, wie wenig die Wiener feines Gefühl und wahres Mitleiden für den Elenden
haben. — Ein Beweis, daß Kaiser Joseph
recht dazu gemacht ist, den Geist der Wiener, der sich immer nach neuen, auffallenden
Gegenständen sehnt, zu ernähren.

Und auch ich will nun nichts weiter sagen,
als daß mir der Verfasser meinen bittern,
groben Ton nicht übel nehmen soll; er war
der erste, der in dem Tone sprach, und da er
von seinem Kaiser in dem Tone sprach, glaubt
ich, er verstünde keinen andern. Ferners ver-
sichere ich ihn, damit er mich nicht unter die
gefühllosen Wiener rechne, daß mir Szekeli's
Schicksal so nah als ihm gehe; so lang er mir
aber nicht aktenmäßig erweisen wird, daß Szekeli sich von dem verdienten Verdachte losge-
macht habe, alle Schuld unstreitig auf den
tod-

tödten Rechnungsführer Lakner falle, daß er
durch laboriren sein eigen Vermögen nicht auf=
gezehrt habe, daß dem Kaiser dieß alles, und
mit Gewicht vorgestellt worden sey, und er
dem ungeachtet auf seinem Entschlusse beharrt
wäre, will ich's laut sagen, daß der ein Ma=
jestätschänder ist, der JOSEPH einer solchen
Handlung fähig hält; und würde mir das
alles auch bewiesen, würd ich doch als ein
Unterthan JOSEPHS denken und spre=
chen, der Kaiser müße noch andre Gründe
gehabt haben, so zu handeln, als er handel=
te, die er mir als seinem Unterthane, und dem
Herrn Verfasser, der es zu seyn eingesteht,
und den man auch ohne seinem Geständnisse
aus den Provinzialismen, Gegenspeer, nach=
gemachter, Truchen, blinde Maus, für ei=
nen Oesterreicher erkennen würde, zu sagen
nicht schuldig wäre. Endlich, wär ich selbst
Republikaner, würd ich es bei aller Ueberzeu=
gung nicht wagen, über einen einzigen Fall
das Wort Tirann gegen was immer für einen
Monarchen mir entwischen zu lassen. Noch
füg ich bei, daß die allgemeine Sage: der
Kaiser habe Szekelin Freiheit, und 50 oder
100 Dukaten geschenkt, die Uebelgesinnten
nicht aufblähen soll, — bestättigte sie sich, so
bewies dieses Verfahren nur für den Kaiser,
der den Greisen bedauert, ihm sein Schicksal
so gut als möglich erleichtert, nachdem er zu=

vor

vor den gegründeten Forderungen des Staates
Genügen leistete. Und nun kein Wörtchen mehr
Spectatum admiſſi.

* Weil ich versprach die ganz Brochüre einzuschalten, so ſetz ich hier auch den Eingang
derselben bei.

§. III. Seye es der Wahrheit erlaubt,
heute wieder einmal unverkappt, unge-
ſchminkt, ganz in ihrer ſchaudervollen
Blöße zu erscheinen! — höret unbeſtechli-
che Richter, was ich euch von Szekeli's
Verbrechen, von seiner Strafe, mit reinem,
unpartheiiſchen Mund, mit warmen Herzen sagen werde, und fället dann Euer Urtheil
über mich, über Szekeli, über seinen Richter.

Noch sind folgende paar unbedeutende Zeilen S. VI vor der erſten kaiſerlichen Reſolu-
zion vergeſſen worden.

Ich begreife aber nicht, wie der Kai-
ſer auf den vom Hofkriegsrathe über die
Unterſuchung der Kaſſeveruntreuung des
Szekeli hat sagen können ꝛc.